ΜΑΖΙ ΜΕ ΤΗΝ ΑΜΜΑ

Μια Συλλογή από Ρήσεις

Mata Amritanandamayi Center, San Ramon
Καλιφόρνια, Ηνωμένες Πολιτείες

Μαζι με την Αμμα

Μια Συλλογή από Ρήσεις

Εκδόθηκε από:

Mata Amritanandamayi Center
P.O. Box 613, San Ramon, CA 94583
Ηνωμένες Πολιτείες

———— *Sayings from Amma (Greek)* ————

Πρώτη Ελληνική έκδοση του Κέντρου ΜΑ: Απρίλιος 2016

Άλλες σχετικές ιστοσελίδες :

   https://ammahellas.wordpress.com

   www.amma-greece.org

Στην Ινδία:

   www.amritapuri.org

   www.embracingtheworld.org

   inform@amritapuri.org

Πρόλογος

Το βιβλίο αυτό είναι μια προσφορά στην Άμμα (Μητέρα), της οποίας η αγάπη και η συμπόνια αγγίζουν τα κλειστά μπουμπούκια της καρδιάς μας, προκαλώντας τα ν' ανθί-σουν σαν όμορφα κι ευωδιαστά λουλούδια στην υπηρεσία της.

Η Άμμα γεννήθηκε σ' ένα φτωχό ψαροχώρι στην Κέραλα της Νότιας Ινδίας, το 1953. Ήδη από μικρό παιδί ήταν φανερό ότι ήταν μοναδική. Χωρίς να έχει καθοδήγηση από κάποιον πνευματικό δάσκαλο, η βαθιά πνευματικότητά της και η έντονη συμπόνια της ήταν αξιοσημείωτες. Αλλά, επειδή ήταν διαφορετική, παρεξηγήθηκε και έτυχε κα-κομεταχείρισης. Είχε μια πολύ δύσκολη παιδική ηλικία και υπέφερε πολύ.

Αν και ήταν μόλις ένα μικρό παιδί, άρχι-σε να συλλογίζεται πάνω στο ζήτημα του πόνου. Αναρωτιόταν: Γιατί οι άνθρωποι υποφέρουν; Ποια είναι η βαθύτερη αιτία του πόνου; Και ένιωσε τόσο έντονα μέσα της την παρουσία του Θεού, ώστε θέλησε να προσεγγίσει, να ανακουφίσει και να υψώσει ψυχικά εκείνους που ήταν λιγότερο τυχεροί από την ίδια.

Οι άνθρωποι άρχισαν να παρατηρούν ότι υπήρχε σχετικά με εκείνη κάτι το εκπληκτικό, ότι ήταν εντελώς ανιδιοτελής, ότι αφιέρωνε κάθε στιγμή της ζωής της στο να φροντίζει τους άλλους και ότι εξέπεμπε μια αγάπη που ήταν απεριόριστη προς τον καθένα.

Ήδη από την περίοδο που η Άμμα ήταν περίπου είκοσι χρονών, η καθολική μητρότητα που ξύπνησε μέσα της, την έκανε να αγκαλιάζει αυθόρμητα όλους όσους έρχονταν σ' εκείνην, βιώνοντας καθέναν απ'αυτούς σαν δικό της παιδί. Η Άμμα άκουγε τα βάσανά τους και τους παρηγορούσε και άρχισε να τους διδάσκει τον αληθινό σκοπό της ζωής.

Σήμερα χιλιάδες άνθρωποι έρχονται σ'αυτήν για να περάσουν λίγες στιγμές μέσα στην αγκαλιά της. Η συμπόνια της Άμμα ξεπερνά όλα τα εμπόδια της εθνικότητας, της κάστας και της θρησκείας. Έχει ξεκινήσει και έχει εμπνεύσει ένα τεράστιο δίκτυο φιλανθρωπικών δραστηριοτήτων. Στη ρίζα αυτής της υπηρεσίας βρίσκεται η καθολική διδασκαλία της Άμμας ότι το Θείο υπάρχει σε καθετί - σε κάθε πρόσωπο, φυτό και ζώο. Δε μας ζητάει να πιστέψουμε στο Θεό ή να αλλάξουμε την πίστη μας, αλλά να αναζητήσουμε τη δική μας πραγματική φύση και να πιστέψουμε στον εαυτό μας.

Λόγια της Άμμα

1

Ας είναι Όλα τα Όντα σε Όλους
τους Κόσμους Ευτυχισμένα

Ειρήνη Ειρήνη Ειρήνη

2

Η ζωή και η αγάπη δεν είναι δύο ξεχωριστές έννοιες, είναι μία. Το να αγαπάς σημαίνει να βλέπεις και να αισθάνεσαι τη ζωή μέσα σε όλα. Η ζωή είναι εδώ, η ζωή είναι εκεί, η ζωή είναι παντού. Υπάρχει μόνο ζωή. Υπάρχει μόνο αγάπη.

3

Ας αγωνιστούμε να φτάσουμε σε μια κατάσταση στην οποία θα είμαστε σε θέση να βλέπουμε όλα τα όντα στη γη σαν ένα τμήμα του Εαυτού μας.

4

Η ζωή είναι αγάπη. Χωρίς το αίσθημα της αγάπης, μέσα από το οποίο βιώνουμε την αληθινή ζωή, η ύπαρξή μας γίνεται ανούσια και άδεια.

5

Η παράδοση σ' ένα Δάσκαλο δεν είναι κάτι εύκολο. Είναι σα να πηδάς σε ένα ποτάμι που ρέει. Από τη στιγμή όμως που πηδήξεις μέσα σ'αυτό, το ρεύμα αναπόφευκτα θα σε οδηγήσει στη θάλασσα. Η παράδοση είναι να πηδήξεις μέσα. Έπειτα δεν υπάρχει διαφυγή! Μπορεί να αγωνίζεσαι και να κολυμπάς ενάντια στο ρεύμα, αλλά το ποτάμι είναι τόσο ισχυρό, ώστε είναι βέβαιο ότι θα σε μεταφέρει στον Ωκεανό - στο Θεό, στον Εαυτό, την πραγματική κατοικία σου.

6

Ακριβώς όπως ένα μικρό παιδί πέφτει πριν μάθει να περπατά με σταθερά βήματα, οι αποτυχίες μας είναι η αρχή της ανόδου μας προς την τελική νίκη.

7

Ανεξάρτητα με το πόσο πλούσιοι είμαστε, αν δεν έχουμε συμπόνια, πραγματικά εμείς οι ίδιοι ζούμε μέσα σε απόλυτη φτώχεια.

8

Η αγνή αγάπη δε θέλει τίποτα άλλο, παρά το άδειασμα του νου σας από όλους τους φόβους του και την εξαφάνιση όλων σας των προσωπείων. Αποκαλύπτει τον Εαυτό όπως είναι.

9

Δεν υπάρχει ανάγκη προσπάθειας στην παρουσία του πνευματικού Δασκάλου. Αυτός είναι απλά εκεί. Με τη θεία Του ενέργεια, τα πάντα συμβαίνουν αυθόρμητα. Η γη δεν επιβάλλει τίποτα σ' εμάς, ούτε ο ήλιος, το φεγγάρι, τα αστέρια, ούτε τίποτα άλλο μέσα στη φύση. Όλα απλώς είναι.

10

Μια Αλήθεια λάμπει μέσα από όλη τη δημιουργία: τα ποτάμια και τα βουνά, τα φυτά και τα ζώα, ο ήλιος, το φεγγάρι και όλα τα αστέρια, εσείς και εγώ - όλα είναι εκφράσεις αυτής της μίας Πραγματικότητας.

11

Μπορείς να παραμείνεις για πάντα ένας αρχάριος; Το να παραμείνεις ένας αθώος αρχάριος είναι ο καλύτερος τρόπος για να ανοίξει η καρδιά.

12

Δεν ανήκεις στο σκοτάδι. Το σκοτάδι είναι μια φυλακή που έχει δημιουργηθεί από το νου και το εγώ σου. Είναι αυτο-επιβαλλόμενο και αυτο-δημιούργητο. Δεν είναι η πραγματική κατοικία σου, γιατί εσύ ανήκεις στο φως. Εσύ είσαι το φως του Θεού.

13

Το να κάνεις ανιδιοτελείς πράξεις και πράξεις αγάπης σε φέρνει στην πόρτα που οδηγεί στο βασίλειο του Εαυτού. Μέσω τέτοιων ενεργειών κερδίζει κανείς την είσοδο σ' εκείνο το βασίλειο.

14

Η ζωή είναι σαν ένας κήπος. Όπως είναι φυσικό τα φύλλα μαραίνονται και τα λουλούδια ξεθωριάζουν. Μόνο όταν απαγκιστρωθούμε από τον μαρασμό του παρελθόντος, και μόνο τότε, μπορούμε να απολαύσουμε πραγματικά την ομορφιά των νέων φύλλων και των νέων λουλουδιών.

15

Το να δίνεις ένα χέρι βοήθειας σε μια παραμελημένη ψυχή, τροφή στον πεινασμένο, και στον θλιμμένο και απογοητευμένο ένα συμπονετικό χαμόγελο, αυτή είναι η γλώσσα της αγάπης.

16

Οι πνευματικές αρχές μάς διδά-
σκουν πώς να ζούμε με σύνεση και
ευτυχία σ'αυτόν τον φυσικό κόσμο.

17

Ανακτήστε τον αθώο κόσμο των παιδιών που είναι γεμάτος από γέλιο και λιακάδα. Καθένας από μάς θα πρέπει να ξυπνήσει το παιδί που κοιμάται μέσα του. Διαφορετικά δεν μπορούμε ποτέ να εξελιχθούμε.

18

Όταν υπάρχει αγάπη που ξεχειλί-
ζει, η καρδιά σας θα γίνει διάπλατα
ανοιχτή όσο εκείνη ενός παιδιού.

19

Όπως ο γιατρός ξεχνάει το ρόλο του ως γιατρός, όταν βρίσκεται στο σπίτι του, κατά τον ίδιο τρόπο θα πρέπει να ξεχάσουμε το παρελθόν και το μέλλον, ακόμα και τον ίδιο τον εαυτό μας, αν θέλουμε να θυμόμαστε τον Θεό και να επικεντρωθούμε στον διαλογισμό μας.

20

Τεράστια κομμάτια πάγου λιώ-
νουν στη ζέστη του ήλιου. Το χιόνι
και ο πάγος στα Ιμαλάια λιώνουν
και γίνονται ποτάμια και χείμαρ-
ροι, όπου οι άνθρωποι μπορούν
να ξεδιψάσουν και να πλυθούν. Η
παρουσία μιας Φωτισμένης, Πραγ-
ματωμένης, Συνειδητοποημένης
Ψυχής μπορεί να λιώσει εύκολα τον
πάγο μας, δηλαδή το εγώ μας, και
να δημιουργήσει μια υπέροχη ροή
αγάπης και συμπόνιας.

21

Στην κατάσταση της Ανώτατης Ενότητας το δοχείο γίνεται κομμάτια και ο χώρος μέσα στο δοχείο γίνεται ένα με τον συνολικό χώρο. Δεν υπάρχουν πια αντιθέσεις. Υπάρχει μόνο το Ένα.

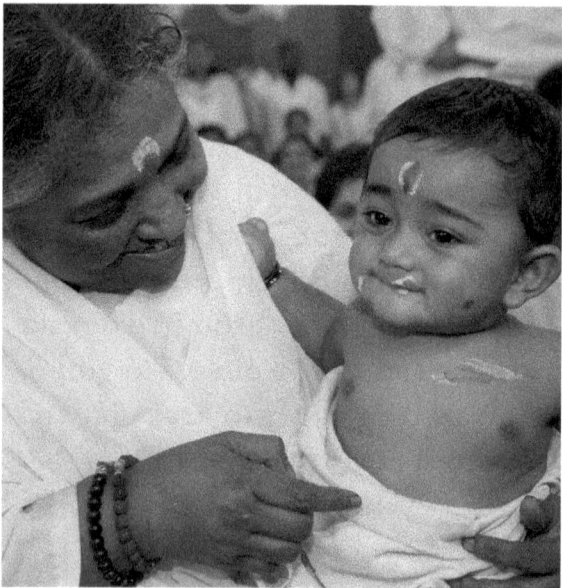

22

Οι εξωτερικοί ναοί είναι για εκεί-
νους που δεν έχουν συνειδητοποιή-
σει ακόμα τη συνεχή Παρουσία του
Θεού μέσα στις καρδιές τους. Μόλις
αυτή η συνειδητοποίηση λάβει
χώρα, το καθετί μέσα σε αυτό το
σύμπαν γίνεται ναός.

23

Η αληθινή μας φύση είναι σαν τον ουρανό κι όχι σαν τα σύννεφα. Είναι σαν τον ωκεανό κι όχι σαν τα κύματα. Ο ουρανός και ο ωκεανός μοιάζουν με την καθαρή συνείδηση. Τα σύννεφα και τα κύματα έρχονται και φεύγουν, αλλά ο ουρανός και η θάλασσα παραμένουν ως υπόστρωμα της ύπαρξής τους.

24

Αν πραγματικά αγαπάς τον Θεό,
θα τον βλέπεις σε όλα και σε όλους,
και έτσι θα τους αγαπάς!

25

Το καθετί στη δημιουργία είναι ένα υπέροχο θαύμα! Δεν είναι θαύμα ένα μικρό πουλί που πετά στον απέραντο ουρανό; Δεν είναι θαύμα ένα μικροσκοπικό ψάρι που κολυμπά στα βάθη του ωκεανού; Δυστυχώς οι άνθρωποι θεωρούν ότι μόνο όταν ένα ψάρι πετά στον ουρανό, αυτό μπορεί να χαρακτηριστεί ως θαύμα.

26

«Άμμα, τι πρέπει να κάνω για να συνειδητοποιήσω τον Θεό;». Μαζεύοντας μια χούφτα άμμο, η Άμμα είπε: «Θα πρέπει να γίνεις όπως αυτή η άμμος. Η άμμος επιτρέπει σε όλους να την πατάνε χωρίς να διαμαρτύρεται. Είναι το χαμηλότερο από τα χαμηλά. Ομοίως, όταν αφανιστεί το εγώ σου, εκείνη τη στιγμή, θα γίνεις το Όλον».

27

Το ουσιαστικό θεμέλιο της ζωής είναι η υπομονή. Αν προσπαθήσετε να ανοίξετε ένα μπουμπούκι με το να το τεντώνετε ή να το σπρώχνετε να ανοίξει, δεν μπορείτε να γνωρίσετε και να χαρείτε το μπουμπούκι καθώς ανοίγει από μόνο του με φυσικό τρόπο. Ομοίως, θα πρέπει να έχετε υπομονή για να απολαύσετε την ομορφιά της ζωής.

28

Προχωρήστε προς τα εμπρός προσεκτικά, κατανοώντας τη λεπτοφυή φύση σε οτιδήποτε βλέπετε. Με αυτόν τον τρόπο, θα μπορέσετε να κατανοήσετε αυτό που είναι αιώνιο.

29

Θα έχουμε τη χάρη του Θεού συνέχεια, εάν το φράγμα της άγνοιας και του εγώ που εμείς χτίσαμε απομακρυνθεί.

30

Σήμερα, σε πολλούς ανθρώπους, το γέλιο είναι μόνο η διαστολή και η συστολή ορισμένων μυών του προσώπου. Θα πρέπει να είμαστε σε θέση να μπορούμε να γελάμε ξεχνώντας τα πάντα με το να θυμόμαστε μόνο την Υπέρτατη Αλήθεια. Αυτό είναι πραγματικό γέλιο, το γέλιο της ευδαιμονίας. Είμαστε σε θέση να το κάνουμε αυτό;

31

Μείνετε ανοικτοί και δεκτικοί όπως ένα παιδί! Αν περπατάτε σ'ένα λιβάδι από μαλακό πράσινο χορτάρι, θα δημιουργηθεί αυτομάτως ένα μονοπάτι. Αντίθετα, θα χρειαστούν αμέτρητα ταξίδια πάνωκάτω σε μια πετρώδη λοφοπλαγιά για να σχηματιστεί ένα μονοπάτι. Κατά τον ίδιο τρόπο, ο χαρακτήρας ενός παιδιού μπορεί εύκολα να διαμορφωθεί.

32

Όσο χαλασμένη κι αν είναι μια πα-
τάτα, θα μεγαλώσει ένα βλαστάρι
από ένα μικρό μέρος της που έχει
παραμείνει αναλλοίωτο. Ομοίως,
αν έχουμε ακόμη και ένα ίχνος
πνευματικής έλξης μέσα μας, μπο-
ρούμε να προοδεύσουμε με το να
παραμείνουμε πάνω σ'αυτό. Ποτέ
μη σκεφτείτε: «Δεν είμαι ικανός για
τίποτα».

33

Ο λογικός νους είναι σαν ένα ψαλί-
δι. Κόβει και απορρίπτει τα πάντα
και δε δέχεται τίποτα. Η καρδιά απ'
την άλλη μεριά είναι σαν μια βελό-
να. Μια βελόνα ενώνει τα πάντα
και καθιστά τα διαφορετικά πράγ-
ματα ένα. Η αγάπη και η πίστη μάς
βοηθούν να αποδεχόμαστε και να
αγκαλιάζουμε τα πάντα. Μέσα
από την αγάπη και την πίστη ο
νους επεκτείνεται και αγκαλιάζει
όλες τις διαφορές.

34

Ξεχάστε το παρελθόν σας. Να το θυμάστε μόνο όταν πραγματικά χρειάζεται, όμως μην παραμείνετε σε αυτό.

35

Προσπαθήστε να θυμάστε τον Θεό ανεξάρτητα με το τι κάνετε.

36

Συμπόνια είναι αγάπη που εκφρά-
ζεται στην πληρότητά της.

37

Το παρελθόν είναι ιστορία, το μέλλον είναι μυστήριο και το σήμερα είναι ένα δώρο.

38

Η ευτυχία που παίρνουμε από τα εξωτερικά αντικείμενα είναι μόνο ένα απειροελάχιστο κλάσμα της ευδαιμονίας που παίρνουμε από τον εσωτερικό μας κόσμο.

39

Αισθήματα υπερηφάνειας και ντρο-
πής είναι δημιουργήματα του νου.
Μόνο με το σπάσιμο των αλυσίδων
που δένουν σφικτά το νου μπο-
ρούμε να φτάσουμε στα πόδια του
Κυρίου.

40

Τόσο ο παράδεισος όσο και η κόλα-
ση είναι δημιουργήματα του νου!
Ακόμα κι ο ύψιστος Παράδεισος
μετατρέπεται σε Κόλαση, εάν ο
νους είναι αναστατωμένος, ενώ
ακόμα κι η χειρότερη Κόλαση είναι
μια ευτυχισμένη κατοικία για κά-
ποιον προικισμένο με ένα ειρηνικό
και ήσυχο νου.

41

Η φύση είναι ένα βιβλίο για μελέτη. Κάθε αντικείμενο στη φύση είναι μια σελίδα σε αυτό το βιβλίο.

42

Ίσως αναρωτηθούμε: «Δεν είμαστε αρκετά περιορισμένοι ως ανθρώπινα όντα για να εμποδίσουμε την καταστροφή της Μητέρας Γης;». Όχι, δεν είμαστε! Έχουμε άπειρη δύναμη μέσα μας, αλλά βρισκόμαστε σε βαθύ ύπνο και δε γνωρίζουμε τη δύναμή μας. Αυτή η δύναμη ανυψώνεται, όταν αφυπνιστούμε εσωτερικά. Η πνευματικότητα είναι το μεγαλύτερο μυστικό της ζωής. Μας επιτρέπει να αφυπνίσουμε την απεριόριστη αλλά αφανή εσωτερική δύναμη. Η Γη δεν μπορεί να αλλάξει προς το καλύτερο αν η συνείδηση των ανθρώπων δεν αλλάξει.

43

Όταν τα μάτια σας έχουν τη δύναμη να διεισδύσουν πέρα από την επιφάνεια της ύπαρξης, τότε η ζωή σας θα είναι γεμάτη χαρά.

44

Ο άνεμος της Θείας Χάρης του Θεού δεν μπορεί να μας ανυψώσει, αν κουβαλάμε το βάρος των επιθυμιών και του εγώ. Το φορτίο πρέπει να μειωθεί.

45

Κάντε τις πράξεις σας με μεγάλη φροντίδα και προσοχή και χωρίς να καταβάλλεστε από άγχος σχετικά με τα αποτελέσματα.

46

Η αγάπη απλά κυλάει. Όποιοι είναι πρόθυμοι να κάνουν το μεγάλο βήμα και να βουτήξουν στο ρεύμα, θα γίνουν δεκτοί όπως είναι. Δεν υπάρχουν όροι ή προϋποθέσεις. Εάν δεν είστε πρόθυμοι, τι μπορεί να κάνει το ρεύμα; Παραμένει εκεί που είναι. Ποτέ δεν λέει όχι. Συνεχώς λέει ναι, ναι, ναι ...

47

Ο διαλογισμός είναι μια εμπειρία.
Δεν μπορεί να εξηγηθεί προφορικά.
Συμβαίνει μόνο όταν απαλλαγείτε
από το νου σας και τις σκέψεις σας.

48

Το χαμόγελο που φωτίζει ένα πρό-
σωπο γεμάτο από αγάπη είναι το
πιο όμορφο πράγμα σ' ολόκληρο
τον κόσμο.

49

Η αγάπη μπορεί να καταφέρει τα πάντα. Η αγάπη μπορεί να θεραπεύσει ασθένειες. Η αγάπη μπορεί να θεραπεύσει πληγωμένες καρδιές και να μετασχηματίσει τον ανθρώπινο νου. Μέσα από την αγάπη, μπορεί κανείς να ξεπεράσει όλα τα εμπόδια. Η αγάπη μπορεί να μας βοηθήσει να απελευθερωθούμε από κάθε σωματική, ψυχική και πνευματική ένταση, και ως εκ τούτου να φέρει την ειρήνη και την ευτυχία. Η αγάπη είναι η αμβροσία που προσθέτει ομορφιά και γοητεία στη ζωή. Η αγάπη μπορεί να δημιουργήσει έναν άλλο κόσμο στον οποίο είστε αθάνατοι.

50

Ο Θεός είναι το αθώο και ειλικρινές χαμόγελο που πηγάζει από μέσα, και αυτό είναι το μεγαλύτερο δώρο που μπορούμε να δώσουμε στον κόσμο.

51

Ό, τι κι αν κάνετε, προσπαθήστε να δίνετε το παράδειγμα στους άλλους και να τους υπηρετείτε εμπνέοντάς τους.

52

Θα πρέπει να υπάρχει ένα ιδανικό πίσω από κάθε πράξη. Αφήστε όλες τις πράξεις σας να μεταφέρουν ένα μήνυμα και ένα μάθημα για τους άλλους.

53

Μέσω της πνευματικής ζωής ανα-
καλύπτουμε την πραγματική χαρά
που βρίσκεται μέσα μας. Δεν είναι
μια μορφή διαφυγής, ούτε είναι μια
αδυναμία. Η πνευματικότητα είναι
ένα μονοπάτι που μόνο οι θαρρα-
λέοι μπορούν να επιχειρήσουν να
διαβούν.

54

Δεν υπάρχουν διαφορές ούτε αντι-
θέσεις στην Υπέρτατη Κατάσταση,
όπου η Φωτισμένη, Συνειδητοποι-
ημένη Ψυχή είναι μόνιμα εγκατε-
στημένη. Εκεί δεν υπάρχει δυαδι-
κότητα.

55

Συμπόνια είναι η γλώσσα με την οποία ο τυφλός μπορεί να δει κι ο κωφός μπορεί να ακούσει.

56

Πριν την επίτευξη της υπέρτατης ευτυχίας, η εμπειρία του άλλου άκρου, το οποίο είναι η θλίψη, είναι αναπόφευκτη.

57

Ο Κύριος δε γεννήθηκε ποτέ. Ήταν πάντα εκεί. Είναι και πάντα θα είναι. Δεν υπάρχει τίποτα παρά μόνο ο Κύριος, ο Εαυτός.

58

Τα λουλούδια της καρδιάς μας δεν έχουν ακόμη ανθίσει. Είναι μικρο-σκοπικά μπουμπούκια. Ωστόσο, εάν τροφοδοτηθούν από την πίστη στο Θεό, την αγάπη και τη συμπό-νια, και με την τήρηση των πνευμα-τικών αρχών, είναι βέβαιο οτι θα ανοίξουν, και τότε θα γίνουμε μια ευλογία για τον κόσμο.

59

Να συλλογίζεστε το Θεό ως δημιουργό σας, προστάτη σας και ως την τελική κατοικία στην οποία θα επιστρέψετε.

60

Στη σημερινή εποχή ο καθένας πο-
θεί την προσοχή, επειδή η προσοχή
είναι η τροφή του εγώ.

61

Μάθετε να είστε ευγνώμονες σε όλους, σε ολόκληρη την κτίση, ακόμη και στους εχθρούς σας, ακόμη και σε εκείνους που σας προσβάλλουν, επειδή όλοι σας βοηθούν να αναπτυχθείτε πνευματικά.

62

Το να χαμογελάς είναι μία από τις μεγαλύτερες μορφές διαλογισμού.

63

Η ζωή η ίδια δεν είναι ούτε πρώ-
τη ούτε τελευταία, ούτε νέα ούτε
παλιά. Ποτέ δεν ξεκίνησε, ούτε και
ποτέ θα τελειώσει. Η ζωή είναι ένα
άλλο όνομα για τον Θεό.

64

Μάθετε να είστε χαλαροί σε όλες τις περιστάσεις. Ό,τι κι αν κάνετε, όπου κι αν βρίσκεστε, χαλαρώστε και θα δείτε πόσο ισχυρό είναι αυτό. Η τέχνη της χαλάρωσης αναδεικνύει τη δύναμη που υπάρχει μέσα σας. Μέσω της χαλάρωσης μπορείτε να βιώσετε τις άπειρες δυνατότητές σας. Είναι η τεχνική για να ηρεμήσετε το μυαλό σας και να εστιάσετε όλη την ενέργειά σας στο έργο που κάνετε. Έτσι, θα είστε σε θέση να αναδείξετε όλο σας το δυναμικό. Μόλις μάθετε αυτή την τέχνη, τα πάντα συμβαίνουν αυθόρμητα και αβίαστα.

65

Ένας αληθινός Δάσκαλος είναι μια παρουσία, η παρουσία της Θεϊκής Συνειδητότητας. Αυτός δεν κάνει τίποτα. Στην παρουσία Του τα πάντα απλώς συμβαίνουν, χωρίς καμία προσπάθεια από μέρους Του.

66

Η πνευματική γνώση όταν παραμένει μέσα στο κεφάλι, είναι ένα βάρος. Αλλά η ίδια γνώση είναι όμορφη αν φτάσει μέσα στην καρδιά.

67

Όταν σκεφτόμαστε ότι ο Θεός είναι μαζί μας, όλα τα βάρη μας θα μειωθούν. Μόλις μπούμε σε μια βάρκα ή ένα λεωφορείο, γιατί θα πρέπει να συνεχίσουμε να κρατάμε τις αποσκευές μας; Ας τις αφήσουμε κάτω.

68

Ας επικαλεσθούμε την ευσπλαχνία του Θεού στις καρδιές και τις πράξεις μας. Μόνο τότε θα έχουμε την εμπειρία της βαθιάς χαράς και ικανοποίησης στη ζωή.

69

Η ζωή πρέπει να είναι όπως το ολόκαρδο, φυσικό γέλιο. Αυτό είναι θρησκεία. Αυτό είναι πνευματικότητα. Αυτό είναι πραγματική προσευχή.

70

Η ταπεινοφροσύνη είναι η πόρτα για την πραγματική μαθητεία. Ένας αληθινός Δάσκαλος είναι ο ίδιος ένα τέλειο παράδειγμα ταπεινοφροσύνης.

71

Αποδοχή σημαίνει να λέμε «ναι» σε όλα. Τα πάντα μπορεί να πάνε στραβά στη ζωή σας, αλλά και πάλι θα βρείτε τον εαυτό σας να λέει: «Ναι, το δέχομαι». Το ποτάμι λέει «ναι» σε όλους. Τα πάντα στη Φύση λένε «ναι» εκτός από τα ανθρώπινα όντα.

72

Κάθε φορά που περνάτε μια δύσκο-
λη περίοδο στη ζωή σας, να συλ-
λογίζεστε ως εξής: «Δεν περιμένω
αγάπη από τους άλλους, γιατί δεν
είμαι κάποιος που χρειάζεται να
αγαπηθεί από τους άλλους. Εγώ
ο ίδιος είμαι αγάπη. Είμαι η αστεί-
ρευτη πηγή της αγάπης, που θα
συνεχίζει για πάντα να δίνει αγά-
πη και τίποτα άλλο παρά αγάπη
σε όσους έρχονται σε μένα».

73

Αν δεν καλλιεργήσουμε αληθινή αποστασιοποίηση, η ευτυχία μας θα εξαρτάται από τα λόγια των άλλων. Τα συναισθήματά μας θα καθορίζονται απ' ό,τι θα λένε οι άλλοι για εμάς.

74

Η πραγματική ζωή αναπτύσσεται από μέσα. Το να ζεις πραγματικά σημαίνει ότι η ψυχή σου η ίδια εκφράζεται μέσα από τις σκέψεις, τις λέξεις, και τις πράξεις σου.

75

Πρέπει να διδαχθούμε από το πα-
ρελθόν, αλλιώς θα επαναλάβουμε
τα λάθη μας.

76

Ο Θεός δεν έχει χέρια, πόδια, μάτια ή σώμα, παρά τα δικά μας. Κινείται μέσα από τα χέρια μας. Περπατά με τα πόδια μας. Βλέπει μέσα από τα μάτια μας και είναι Αυτός που χτυπά στην καρδιά του καθενός από εμάς.

77

Κάποιος που κοιμάται μπορεί να ξυπνήσει. Ωστόσο, δεν μπορούμε να ξυπνήσουμε κάποιον που προσποιείται ότι κοιμάται.

Η Εσωτερική Μητέρα, της οποίας η αληθινή φύση είναι το άπειρο και η σιωπή, εκδηλώνεται φανερά μέσα από αυτό το σώμα, έτσι ώστε τα παιδιά της να έχουν μια φευγαλέα θέαση της Μητέρας που είναι βαθιά μέσα. Αυτό το σώμα είναι ισχυρό. Έχει τη δύναμη να εκφράσει την άπειρη εσωτερική δύναμη. Ο λόγος για τον οποίο υπάρχει αυτή η εξωτερική Άμμα είναι για να σας βοηθήσει να φτάσετε στην Εσωτερική Άμμα, τη Μητέρα του «Νου των νοών». Η Εσωτερική Μητέρα δεν έχει κανένα από τα εξωτερικά χαρακτηριστικά. Είναι εντελώς σιωπηλή και δίχως ιδιότητες στο «Νου των νοών». Η σιωπή είναι η γλώσσα αυτής της Εσωτερικής Μητέρας.

79

Γελάστε με την αδυναμία σας. Γελάστε με την ανοησία σας. Αυτό είναι πολύ καλύτερο από το να κοροϊδεύετε κάποιον άλλο.

80

Το να γίνεις ένας παρατηρητής, σημαίνει να ξυπνήσεις και να συνειδητοποιήσεις οτιδήποτε συμβαίνει, τόσο εσωτερικά όσο και εξωτερικά.

81

Η πνευματικότητα δεν είναι ένα ταξίδι προς τα εμπρός, είναι ένα ταξίδι προς τα πίσω. Επιστρέφουμε στην αρχική πηγή της ύπαρξής μας.

82

Η φύση του νερού είναι η δροσιά και η φύση της φωτιάς είναι η ζέστη. Η φύση ενός ποταμού είναι να κυλάει. Όμοια, η φύση της ζωής είναι χαρά και λύπη. Αν το καταλάβετε αυτό, μπορείτε να δέχεστε αδιαμαρτύρητα τόσο τη χαρά όσο και τον πόνο, όταν βρεθούν στον δρόμο σας.

83

Όταν χρησιμοποιούμε τον φυσικό πλούτο, αυτός μειώνεται. Αλλά όταν χρησιμοποιούμε τον πλούτο των εσωτερικών μας δώρων, αυτός αυξάνεται.

84

Όταν βουτήξετε βαθιά μέσα στη συνείδησή σας, κάποτε θα συνειδητοποιήσετε την αθωότητα. Εκείνη τη στιγμή, θα ανακαλύψετε το παιδί μέσα σας.

85

Το αύριο δεν μπορεί ποτέ να είναι το σήμερα.

86

Το πραγματικό κέντρο είναι μέσα μας. Δε βρίσκεται στον εξωτερικό κόσμο.

87

Δεν υπάρχει λόγος να κατοικεί κανείς στο παρελθόν. Το παρελθόν είναι σαν μια ακυρωμένη επιταγή. Οφείλουμε να περνούμε την παρούσα στιγμή με τέτοιο τρόπο, ώστε να ωφελούμε τόσο τους εαυτούς μας όσο και τον κόσμο. Αυτός είναι ο μόνος τρόπος για μια εποικοδομητική ζωή.

88

Όταν η παρουσία της Θείας Φύσης γεμίσει ολόκληρη τη ζωή σας, θα εί- στε στο παρόν. Μέχρι τότε θα ζείτε είτε στο παρελθόν είτε στο μέλλον.

89

Οδήγησέ μας από το ψέμα στην Αλήθεια.

Από το σκοτάδι στο Φως.

Από το θάνατο στην Αθανασία.

Ειρήνη, ειρήνη, ειρήνη.

90

Ένας ειλικρινής πνευματικός αναζη-
τητής θα πρέπει να εστιάσει στο να
γνωρίσει το νου του και τις αρνη-
τικές του τάσεις, ενώ ταυτόχρονα
θα πρέπει συνεχώς να προσπαθεί
να τις υπερβεί.

91

Όπως οι καρποί που παράγει σήμερα ένα δέντρο προέκυψαν από έναν σπόρο που βλάστησε στο παρελθόν, έτσι και τα αγαθά που σήμερα απολαμβάνουμε, οφείλονται στις πράξεις μας κατά το παρελθόν. Θα πρέπει να το κατανοήσουμε αυτό πλήρως.

92

Όταν έχετε δοκιμάσει και έχετε αποτύχει, τότε είστε πραγματικά σε θέση να παραδοθείτε στο θέλημα του Θεού. Παρόλο που αποτυγχάνετε ξανά και ξανά, εντούτοις συνεχίζετε να προσπαθείτε μέχρις ότου, τελικά, φτάνετε σε ένα σημείο όπου αποδέχεστε την αποτυχία σας. Βιώνετε πλήρως και κατανοείτε την αδυναμία σας να προχωρήσετε προς τα εμπρός. Σε αυτό το σημείο παραδίνεστε. Συνεχίστε λοιπόν να προσπαθείτε. Αυτή η έσχατη αίσθηση της αποτυχίας πρέπει να έρθει σε όλους σήμερα ή αύριο.

93

Το πραγματικό μεγαλείο έγκειται στην απλότητα και την ταπεινότητα.

94

Αν έχετε υπομονή, τότε θα έχετε και αγάπη. Η υπομονή οδηγεί στην αγάπη. Εάν ανοίξετε βίαια τα πέταλα ενός μπουμπουκιού, δε θα είστε σε θέση να απολαύσετε την ομορφιά και το άρωμά του. Μονάχα όταν ανθίσει ακολουθώντας τη φυσική του πορεία, εκδηλώνεται η ομορφιά και η ευωδιά ενός λουλουδιού.

95

Η προσκόλλησή μας στον κόσμο
τον κάνει να φαίνεται πραγματι-
κός, ενώ η αποστασιοποίησή μας
τον κάνει ένα θαυμαστό παιχνίδι.

96

Εκείνος που σπεύδει να βοηθήσει αυτούς που υποφέρουν, που λαχταρά να δώσει παρηγοριά στους θλιμμένους, που τα μάτια του δακρύζουν από συμπόνια, που τα αυτιά του ακούνε τα δεινά των συντετριμμένων και τα λόγια του φέρνουν ανακούφιση σε όσους βρίσκονται μέσα στον πόνο, εκείνος ο άνθρωπος αγαπάει αληθινά τον Θεό. Πράγματι, εκείνος ο άνθρωπος είναι Θεός.

97

Είναι η δύναμη του Θεού που μας συνοδεύει κάθε στιγμή.

98

Πάντα να θυμάστε ότι είστε απλά
ένα όργανο στα χέρια του Θεού. Η
συμπεριφορά σας να δείχνει ότι δεν
είστε εσείς οι πράττοντες, αλλά ότι
ο Θεός σας καθιστά ικανούς να τα
κάνετε όλα.

99

Ο Θεός είναι μέσα μας, όμως η πα-
ρουσία του αυτή σήμερα είναι σε
μορφή σπόρου. Αυτό που χρειά-
ζεται ο σπόρος για να βλαστήσει
είναι το νερό της συμπόνιας. Ενερ-
γώντας για το καλό των άλλων
και όχι μόνο για τον εαυτό μας,
αυτό μπορεί να ονομαστεί συμπό-
νια.

100

Προσευχή είναι η παράδοση του εγώ. Από βαθιά μέσα σου προσπαθείς να επικοινωνήσεις με τους άλλους και να γίνεις άνθρωπος με ανοιχτό νου.

101

Αφήνοντας το νου να επεκταθεί μέσα από τον ήχο της θείας ψαλμωδίας, ο καθένας μπορεί να απολαύσει την ηρεμία που γεννιέται από την ίδια του τη φύση.

102

Η ειρήνη του νου είναι ο πραγματικός πλούτος.

103

Εκείνοι που δεν επηρεάζονται από οποιοδήποτε εμπόδιο που προκύπτει από τούτον τον κόσμο είναι πάντα ευτυχισμένοι. Αυτό είναι απελευθέρωση.

104

Η αληθινή αγάπη είναι κατάσταση πλήρους απουσίας του φόβου. Ο φόβος είναι αναπόσπαστο μέρος και τμήμα του νου. Ως εκ τούτου, ο φόβος και η πραγματική αγάπη δεν μπορούν να συνυπάρχουν. Καθώς το βάθος της αγάπης αυξάνεται, η ένταση του φόβου μονάχα ελαττώνεται.

105

Θα πρέπει να ζούμε σε αυτόν τον κόσμο γνωρίζοντας ότι είμαστε μόνο ένα όργανο στα χέρια του Θεού.

106

Ας επικεντρωθούμε σε αυτό που μπορούμε να δώσουμε στους άλλους και όχι σε αυτό που μπορούμε να πάρουμε για τους εαυτούς μας. Αυτό θα φέρει μεγάλη μεταμόρφωση στη ζωή μας.

107

Όπου και να είναι η εργασία σας -
στην κουζίνα, στο σταύλο ή στην
τουαλέτα - ας είναι εκεί ο ναός σας.

108

Ακριβώς όπως ένα παιδί αποζητά κλαίγοντας τροφή ή την αγκαλιά της μητέρας του, με την ίδια ένταση και αθωότητα να καλείς το Θεό.

109

Πρέπει να συνδεθούμε με το Υπέρτατο. Στη συνέχεια, η άπειρή Του δύναμη θα ρέει διαμέσου μας. Το να συνδεθούμε με τον Ανώτατο Εαυτό σημαίνει να απορρίψουμε την αίσθηση του «εγώ» και να παραδώσουμε τα πάντα σ' Αυτόν. Υιοθετώντας τη στάση ότι « Εγώ δεν είμαι τίποτα», πραγματικά γινόμαστε τα πάντα. Αυτή είναι η σημασία της φράσης: «Όταν εκμηδενίσεις το εγώ σου, μπορείς να γίνεις ένας ήρωας».

110

Ο νους γεμάτος σκέψεις είναι άγνοια. Ο ίδιος νους χωρίς σκέψεις είναι ο Κύριος, ο Εαυτός.

111

Το παιχνίδι στον ωκεανό είναι ευχάριστο για κάποιον που ξέρει κολύμπι. Δεν κλυδωνίζεται εύκολα από τα κύματα. Ομοίως, η διαφορετική και αντιφατική φύση της ζωής είναι ένα απολαυστικό παιχνίδι για κάποιον που γνωρίζει τη συνεχώς μεταβαλλόμενη φύση της. Μπορεί χαμογελώντας να καλωσορίσει με την ίδια οπτική τόσο τις αρνητικές όσο και τις θετικές εμπειρίες της ζωής.

112

Πετάξτε όλα για τα οποία έχετε μετανιώσει στο παρελθόν και χαλαρώστε. Η χαλάρωση θα σας βοηθήσει να αποκτήσετε περισσότερη δύναμη και ζωτικότητα. Η χαλάρωση είναι μια τεχνική μέσω της οποίας μπορείτε να πάρετε μια γεύση της πραγματικής σας φύσης, της ανεξάντλητης πηγής ενέργειας της ύπαρξής σας.

113

Οι άνθρωποι βλέποντας ένα σιδερά να σφυρηλατεί ένα κομμάτι καυτό σίδερο μπορεί να νομίσουν ότι είναι σκληρός άνθρωπος. Το κομμάτι σιδήρου, θα μπορούσε επίσης να σκεφτεί ότι είναι απάνθρωπος. Αλλά με το κάθε χτύπημα ο σιδεράς σκέφτεται μόνο τη νέα μορφή που σχηματίζει. Ο πραγματικός Πνευματικός Δάσκαλος είναι σαν τον σιδερά.

114

Ακριβώς όπως το δέντρο εμπεριέ-
χεται στον σπόρο και το βούτυρο
στο γάλα, έτσι κι ο Θεός κατοικεί
σε όλα.

115

Η Αγάπη είναι το πρόσωπο του Θεού.

116

Είναι μέσα από το ανιδιοτελές μοί-
ρασμα που το λουλούδι της ζωής
γίνεται όμορφο και ευωδιαστό.

117

Η επιτυχία της ζωής μας εξαρτάται από την ικανότητά μας να ξεχνάμε ό,τι δεν είναι σχετικό με την παρούσα στιγμή.

118

Ο νους μας θα πρέπει να είναι σαν καθρέφτης και όχι σαν φωτογραφική μηχανή.

119

Ακριβώς όπως ένα άτομο χρειάζεται αέρα για να αναπνέει, έτσι και η ψυχή χρειάζεται να τρέφεται με αγάπη και φροντίδα.

120

Ο νους μπορεί να σας τραβά και να σας ωθεί στις ίδιες παλιές συνήθειες. Καταλάβετε ότι αυτό είναι μόνο ένα τέχνασμα του μεγαλύτερου απατεώνα, του νου, για να σας εκτροχιάζει από την πορεία σας.

121

Δεν είμαστε απομονωμένα νησιά.
Είμαστε συνδεδεμένοι ο ένας με τον
άλλο, όπως οι κρίκοι μιας αλυσίδας.

122

Αν βάλουμε το γάλα σ' ένα βρώ-
μικο δοχείο, το γάλα θα χαλάσει.
Το να εξαγνίσουμε το νου σημαί-
νει να εξαλείψουμε τις αρνητικές
και περιττές σκέψεις, καθώς και
να μειώσουμε τον εγωισμό και τις
επιθυμίες.

123

Υπάρχει σοφία μέσα μας. Ωστόσο, δεν είμαστε σε θέση να τη θέσουμε σε εφαρμογή. Πρέπει να μετατρέψουμε τη γνώση σε δράση. Μόνο τότε η γνώση θα είναι ωφέλιμη.

124

Ο μετασχηματισμός της περιορι-
σμένης μας αγάπης σε Θεία Αγάπη
είναι ο στόχος της πνευματικότη-
τας.

125

Τα προβλήματα που προκύπτουν κατά καιρούς στη ζωή είναι οι περιστάσεις που ο Θεός εμφανίζει για να αυξήσει τη δύναμή μας.

126

Συνήθως οι άνθρωποι θυμούνται τον Θεό και προσεύχονται σ' Αυτόν μόνο όταν υποφέρουν, σαν να ήταν ο Θεός μόνο ένα παυσίπονο. Μην είστε έτσι. Ας γίνουν κομμάτι της καθημερινής σας ζωής η προσευχή και η ενθύμηση του Θεού.

127

Η φύση του νου είναι σαν το νερό. Πάντα θα ρέει προς τα κάτω. Η συνείδηση είναι σαν τη φωτιά. Πάντα θα ανυψώνεται και θα μας οδηγεί στον Θεό.

128

Για έναν πνευματικό αναζητητή η εγρήγορση σε όλες τις πράξεις του είναι πολύ σημαντική. Η ζωή φέρνει απροσδόκητες εμπειρίες, και αν δεν είμαστε σε εγρήγορση και επαγρύπνηση κάθε στιγμή, δεν μπορούμε να τις αντιμετωπίσουμε και να τις ξεπεράσουμε με θάρρος.

129

Μια συμπονετική καρδιά είναι ένας πολύ πιο πολύτιμος τόπος κατοικίας του Θεού από κάθε μεταξωτό καναπέ ή χρυσό θρόνο.

130

Η χάρη του Θεού δεν μπορεί να επιτευχθεί μόνο ξοδεύοντας χρήματα. Το να υπηρετούμε τους φτωχούς είναι το πιο αγαπητό στο Θεό από οτιδήποτε άλλο.

131

Όποιος έρχεται στο Ποτάμι της Αγάπης, θα λουστεί σ' αυτό, είτε είναι υγιής είτε ασθενής, άνδρας ή γυναίκα, πλούσιος ή φτωχός. Οποιοσδήποτε μπορεί να κάνει όσες βουτιές θέλει στον Ποταμό της Αγάπης. Το Ποτάμι της Αγάπης δε νοιάζεται εάν κάποιος λούζεται σ' αυτόν ή όχι . Εάν κάποιος επικρίνει ή κακομεταχειρίζεται το ποτάμι της Αγάπης, αυτό δεν το λαμβάνει υπόψιν του. Απλά ρέει.

132

Κάθε φορά που κάνετε κάτι, προσπαθήστε να έχετε επίγνωση γι' αυτό. Αν είστε συνεχώς σε επαγρύπνηση, θα αρχίσετε σιγά-σιγά να αντιλαμβάνεστε την άσκοπη επιβάρυνση των αρνητικών σκέψεων που μεταφέρετε. Αυτή η επαγρύπνηση θα σας βοηθήσει να απαλλαγείτε από όλα σας τα βάρη και να γίνετε ελεύθεροι.

133

Αν μπορούμε τόσο εύκολα να προσκολληθούμε σε οτιδήποτε στον κόσμο, γιατί δεν μπορούμε να συνδεθούμε με τον Θεό;

134

Παρά το γεγονός ότι ο κόσμος έχει έρθει πιο κοντά μέσω της τεχνολογίας, οι καρδιές μας δεν έχουν έρθει πιο κοντά.

135

Έχετε ένα σώμα, αλλά δεν είστε το σώμα. Η φύση σας είναι άπειρη δύναμη. Ολόκληρο το σύμπαν είναι μέσα σας. Είστε το σύμπαν. Έχετε αυτή την πίστη και προχωρήστε στη ζωή.

136

Όταν συνειδητοποιήσουμε ότι η πραγματική ευτυχία βρίσκεται μέσα μας, θα ξέρουμε ότι τα πάντα γύρω μας είναι απλώς ένα παιχνίδι.

137

Ας σκέφτομαι τον Θεό με κάθε μου αναπνοή. Ας είναι κάθε βήμα που κάνω ένα βήμα προς τον Κύριο. Ας είναι κάθε ενέργεια που κάνω λατρεία. Ας είναι κάθε λέξη που προφέρω μια ευχή και κάθε φορά που ξαπλώνω ας είναι μια μετάνοια.

138

Όποιος έχει τη διάθεση του αρχά-
ριου θα έχει την υπομονή να μάθει
οτιδήποτε.

139

Για να θυμόμαστε τον Θεό, ο κόσμος θα πρέπει να ξεχαστεί, επειδή όταν βλέπουμε τον κόσμο, ξεχνάμε τον Θεό, εκτός κι αν έχουμε τη δύναμη να βλέπουμε τον κόσμο ως Θεό.

140

Όταν βλέπετε ως πολύτιμο δώρο τη ζωή και όλα όσα η ζωή φέρνει, θα είστε σε θέση να λέτε «ναι» σε όλα. Το «ναι» είναι αποδοχή, και όταν υπάρχει αποδοχή, το ποτάμι της ζωής θα σας μεταφέρει πάντα.

141

Ο νους μπορεί να συγκριθεί με ένα εκκρεμές. Όπως αδιάκοπα κινείται το εκκρεμές του ρολογιού, έτσι και ο νους ταλαντώνεται περιοδικά από την ευτυχία στη θλίψη και αντίστροφα. Πραγματική ειρήνη και ευτυχία μπορεί να βιωθεί μόνο όταν το εκκρεμές του νου σταματήσει εντελώς να αιωρείται. Την ακινησία αυτή επακολουθεί πραγματική ειρήνη και ευδαιμονία και αληθινά αυτή η κατάσταση είναι η ουσία της ζωής.

142

Ο Θεός δεν είναι κάποιος που κάθεται κάπου πάνω στον ουρανό. Η κατοικία του είναι μέσα μας. Είναι αυτή η κατανόηση που πρέπει να καλλιεργήσουμε.

143

Είμαστε ικανοί να καταστρέψουμε τη Γη σε μια στιγμή. Ωστόσο, έχουμε επίσης την έμφυτη ικανότητα να δημιουργήσουμε τον παράδεισο πάνω στη Γη. Το μέλλον της ανθρωπότητας εξαρτάται από τις επιλογές που κάνουμε.

144

Απ'έξω να είστε όπως ένα λιοντάρι,
αλλά από μέσα όπως ένα λουλούδι.

145

Μάθετε να δέχεστε τη ζωή με ανοιχτές αγκάλες, εγκαταλείποντας όλες σας τις προσκολλήσεις, λύπες και φόβους. Ολόκληρο το σύμπαν θα έρθει σε εσάς και θα νιώσετε ένα με τη δημιουργία, ένα με τον Θεό.

www.ingramcontent.com/pod-product-compliance
Lightning Source LLC
Chambersburg PA
CBHW061825040426
42447CB00012B/2828